AF234433

IMPRIMERIE DE MADAME VEUVE AGASSE,
Rue des Poitevins, n. 6.

# RÉCEPTION

## DE LA

# LÉGATION BELGE.

1833.

IMPRIMERIE DE MADAME VEUVE AGASSE,
Rue des Poitevins, n. 6.

# RÉCEPTION

### DE

# L'ACTE OFFICIEL

PAR LEQUEL LA NATION BELGE ADRESSE DES REMERCIEMENS
A L'ARMÉE FRANÇAISE.

## Février 1833.

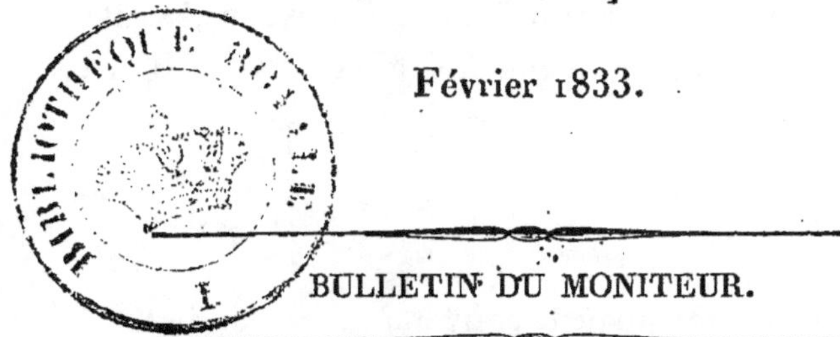


BULLETIN DU MONITEUR.

*Paris, le 17 février.*

Aujourd'hui, à deux heures, M. Le Hon, envoyé extraordinaire et ministre plénipotentiaire de Sa Majesté le Roi des Belges, accompagué de M. Rogier, secrétaire, de M. Vanderstraten et de M. Mosselmann, attachés à la légation belge, a eu l'honneur de présenter au Roi, en audience publique, l'acte officiel des remerciemens adressés à l'armée française par la nation belge.

Sa Majesté était sur son trône, ayant à sa droite M<sup>gr</sup> le duc d'Orléans, et à sa gauche M<sup>gr</sup> le duc de Nemours.

La Reine, les Princesses et les jeunes Princes étaient présens à cette réception.

MM. les ministres, les maréchaux de France, les aides-de-camp du Roi, M. le maréchal Gérard et les officiers-généraux qui, sous ses ordres, ont pris part à l'expédition d'Anvers, étaient rangés de chaque côté du trône.

La légation belge ayant été introduite dans la salle du trône, selon le cérémonial d'usage, M. Le Hon a porté la parole en ces termes :

« SIRE,

» Le Roi, mon auguste souverain, m'a confié l'honorable mission de déposer entre les mains de Votre Majesté l'acte solennel des remerciemens que la nation belge, par le vote unanime de ses représentans, a décernés à l'armée française.

» Je suis heureux d'offrir à Votre Majesté ce monument de la reconnaissance nationale envers elle et envers la France, monument qui consacre à la fois le rapide et généreux élan de 1831, et l'expédition énergique et brillante de 1832.

» A la voix de Votre Majesté, l'armée française, sous les ordres d'un illustre maréchal, a présenté au monde le spectacle de la force guidée par la bonne foi, et de la victoire soumise à la loi des traités.

» Jamais peut-être succès plus populaire n'eut un caractère plus européen.

» L'histoire dira que le pavillon français flottait uni au pavillon britannique, pendant que les armées françaises accomplissaient glorieusement la mission de paix émanée de l'heureux accord de la France et de l'Angleterre.

» Le souvenir de l'expédition d'Anvers et des noms qui en sont devenus inséparables sont à jamais gravés dans nos annales.

» La Belgique y associera surtout les noms des deux Princes, fils de Votre Majesté, dont le jeune courage a deux fois concouru à l'exécution des garanties promises par l'Europe.

» Cet hommage spontané d'une nation amie sera doublement cher au cœur du Roi des Français, qui n'hésita pas à consolider l'indépendance belge de tous les gages qu'il pouvait lui offrir et comme père et comme Roi. »

M. Le Hon a donné ensuite lecture de l'acte suivant :

« Léopold, Roi des Belges,

» A tous présens et à venir, salut.

» Considérant que l'armée française, toujours admirable par son génie, sa bravoure et sa discipline, a acquis à jamais des droits à l'estime et à la reconnaissance de la nation belge pour les services qu'elle lui a rendus en 1831 et 1832 ;

» Nous avons, de commun accord avec les chambres, décrété ce qui suit :

» *Article unique.* La nation belge adresse des remerciemens à l'armée française.

» Mandons et ordonnons que les présentes, revêtues du sceau de l'État, soient insérées au *Bulletin officiel*.

» Donné à Bruxelles, le 31 décembre 1832.

» *Signé* LÉOPOLD.

» Par le Roi :

» *Le ministre des affaires étrangères,*

» *Signé* GOBLET. »

Après cette lecture, M. Le Hon s'est avancé vers le trône, et a présenté au Roi l'acte solennel qu'il était chargé de remettre. Sa Majesté l'a transmis aussitôt à M. le ministre des affaires étrangères.

Ensuite le Roi, s'étant recouvert, a dit :

« Je reçois avec une vive satisfaction pour la France et pour moi l'acte solennel que vous me présentez au nom du Roi des Belges. Je vois dans ce vote unanime des deux chambres de votre nation, consacré par la sanction de votre souverain, le témoignage de la reconnaissance de la Belgique envers la France, aussi bien que la juste appréciation de la valeur de notre armée, de son héroïque conduite et de la loyauté qui a tracé le cours et la limite de ses opérations.

» Je vous l'avais dit, il y a deux ans, à pareil jour :
Que la Belgique soit libre et heureuse ! qu'elle n'ou-
blie jamais que c'est au concert de la France avec les
grandes puissances de l'Europe qu'elle a dû la prompte
reconnaissance de son indépendance nationale ! et
qu'elle compte toujours avec confiance sur mon appui pour la préserver de toute attaque extérieure ou
de toute intervention étrangère !

» J'aime à vous rappeler ces paroles dont les évènemens ont prouvé la sincérité. J'aime à vous dire
que c'est à l'union de la France et de l'Angleterre que
la Belgique doit le grand avantage qu'elle vient d'ob-
tenir, et l'Europe une nouvelle garantie du maintien
de la paix.

» Mes fils ont été heureux de partager les travaux
de nos braves soldats, sous les ordres du digne maréchal qui a soutenu dans tant de combats l'honneur de
nos drapeaux. Je me réjouis de voir qu'à leur début
dans la carrière des armes, ils ont été appelés à con-
courir à un évènement qui sera un gage éclatant de
ma fidélité à garder les traités, et qui a resserré en-
core davantage les liens si chers qui m'attachent au
Roi des Belges. »

# CLOTURE

## DE LA

# SESSION DES CHAMBRES.

1835.

# CLOTURE

## DE LA

## SESSION DES CHAMBRES.

### Avril 1833.

BULLETIN DU MONITEUR.

*Paris, le 25 avril.*

Aujourd'hui 25 avril, le Roi a fait la clôture de la session des chambres.

A une heure et demie, une salve d'artillerie, a annoncé le départ de Sa Majesté du palais des Tuileries.

MM. les présidens de la chambre des pairs et de la chambre des députés, à la tête des grandes députations, sont allés recevoir Sa Majesté à l'entrée du palais de la chambre des députés.

La Reine, accompagnée des Princesses et de M^me Adélaïde, a pris place dans la tribune qui lui est réservée.

Le corps diplomatique était présent dans les tribunes latérales.

Le Roi, accompagné de LL. AA. RR. les ducs d'Orléans et de Nemours, est entré dans la salle des séances, précédé des grandes députations, et suivi de ses aides-de-camp et d'un nombreux état-major.

Sa Majesté a été accueillie par les acclamations réitérées de *vive le Roi!*

MM. les ministres secrétaires-d'état, ayant à leur tête M. le président du conseil, sont venus se placer sur les premières banquettes de l'estrade, en avant du fauteuil du Roi.

MM. les maréchaux de France, M. le maréchal commandant la garde nationale de Paris et M. le lieutenant-général commandant la 1re division militaire, ont pris leur place accoutumée.

Au bas de l'estrade était placée une députation du conseil-d'état.

Le Roi ayant pris place, s'est couvert, et a prononcé le discours suivant :

« Messieurs les pairs,

» Messieurs les députés,

» Après les longs et importans travaux de cette session, j'éprouve, avant tout, le besoin de vous remercier de ce que vous avez déjà fait pour la France et pour moi.

» La monarchie et la Charte se sont affermies par
votre énergique dévouement. Vous avez su recon-
naître et soutenir, en toute occasion, les vrais inté-
rêts de la France et du trône constitutionnel. Vous
avez prêté à mon Gouvernement le plus loyal con-
cours.

» Déjà la France en recueille les fruits. Ce ne sont
plus des espérances que nous pouvons concevoir ;
nous sommes entrés dans une nouvelle ère de pros-
périté et d'avenir. Le pays se calme et se rassure.
Le commerce et l'industrie se déploient avec l'acti-
vité la plus féconde. Partout le travail assure le
bien-être de la population, et consolide l'ordre partout rétabli.

» Ces progrès font le désespoir des factions, et
leurs regrets s'exhalent en menaces. Elles seront im-
puissantes, Messieurs ; vos honorables exemples
soutiendront le courage des bons citoyens. Le ferme
appui de mon Gouvernement ne leur manquera jamais ; et le paisible développement de nos institu-
tions, la sécurité nationale, au dedans comme au
dehors, seront notre récompense.

» Pour atteindre ce but, il est indispensable que
les finances et l'administration de l'État soient rame-
nées à leur situation régulière. Le régime provisoire,
où nous a retenus jusqu'à ce jour l'empire des cir-
constances, est un mal grave pour le pays et pour
son Gouvernement. Quand ce mal aura cessé, l'exa-
men des dépenses deviendra plus efficace ; le vote

des subsides sera libre de tout embarras ; la puissance publique sera en possession de tous ses moyens, et le pays de toutes ses garanties.

» C'est là le puissant motif qui me détermine à réclamer de votre patriotisme une session nouvelle. J'ordonnerai qu'elle soit immédiatement ouverte. Les lois de finances, qui apporteront enfin quelque réduction dans les dépenses de l'Etat, vous seront aussitôt présentées. Vous terminerez en même tems les importantes lois d'organisation qui ont déjà été soumises à vos délibérations.

» Je n'ai qu'à me féliciter de mes relations avec les puissances étrangères. Les évènemens ont prouvé que la question qui divise la Hollande et la Belgique doit se résoudre sans troubler le repos de l'Europe. L'état de l'Orient préoccupe les esprits ; mais il y a lieu de croire qu'un dénouement prochain rétablira la paix dans ces contrées. Soyez assurés que, là comme ailleurs, la France aura tenu la conduite et occupé le rang qui lui conviennent ; et j'ai la confiance que, soit qu'il s'agisse de soutenir sa dignité, d'assurer son bonheur, ou de garantir ses libertés, la nation ne sera jamais déçue dans ce qu'elle a droit d'attendre de nous, et qu'elle rendra justice à nos communs efforts. »

Le Roi ayant terminé son discours, des acclamations réitérées se sont fait entendre de nouveau.

Le ministre de l'intérieur s'est levé, et après avoir

pris les ordres du Roi, a donné lecture de l'ordonnance dont le texte suit :

## LOUIS-PHILIPPE, Roi des Français,

A tous présens et à venir, salut,

La session de 1832 de la chambre des pairs et de la chambre des députés est et demeure close.

Au palais des Tuileries, le 25 avril 1833.

### LOUIS-PHILIPPE.

Par le Roi :

*Le pair de France, ministre secrétaire-d'état de l'intérieur et des cultes,*

Cte d'Argout.

L'assemblée s'est séparée aux cris de *Vive le Roi!*